# LES IDÉES

## D'UN AMI DE LA PAIX ET DE LA VÉRITÉ

### SUR

## LA SITUATION ACTUELLE

# DE LA FRANCE,

### ET

## SUR LA NÉCESSITÉ DE L'INDULGENCE ET DE L'UNION ENTRE TOUS LES FRANÇAIS.

*Nos dissensions causent nos malheurs.*

## A PARIS,

CHEZ
{
CHANSON, IMPRIMEUR-LIBRAIRE,
RUE ET MAISON DES MATHURINS, N° 10;
DELAUNAY, LIBRAIRE, Palais-Royal;
PÉLICIER, LIBRAIRE, 1ère cour du Palais-Royal, n° 10.
}

### Août 1815.

# LES IDÉES

D'UN

## AMI DE LA PAIX ET DE LA VÉRITÉ

SUR LA SITUATION ACTUELLE

## DE LA FRANCE,

ET SUR LA NÉCESSITÉ DE L'INDULGENCE ET DE L'UNION
ENTRE TOUS LES FRANÇAIS.

---

Français! soyons unis ; épargnons à la patrie la douleur de voir ses propres enfans aggraver les maux qui la désolent. Après vingt-cinq ans d'agitations, de succès et de malheurs, le repos est nécessaire à la France. Le monde en a besoin comme elle. Il est temps de mettre enfin un terme aux gémissemens de l'humanité. Cette gloire est réservée aux souverains assemblés pour assurer la tranquillité des nations: gloire bien plus durable et plus douce pour des cœurs magnanimes que celle qui suit les hasards de la guerre ; gloire vraiment immortelle, et la seule digne de bienfaiteurs du genre humain.

Mais, par quelle fatalité, au moment où des armées innombrables couvrent notre territoire, où les calamités inséparables de la guerre pèsent sur nous de toutes parts, où le malheur commun devrait nous réunir, par quelle fatalité faut-il avoir encore à déplorer nos dissensions intestines ? Comment des Français cherchent-ils à rallumer les brandons de la discorde civile ? Des Français peuvent-ils, sans frémir, songer à verser le sang français ? Et n'a-t-il donc pas assez et trop long-temps coulé ? Quelle fureur irréfléchie nous porterait à le répandre nous-mêmes ? Malheureux ! nous sommes dans un vaisseau battu par la tempête : les vagues l'entraînent vers des écueils où elles vont le briser et l'engloutir : hâtons-nous de seconder de tous nos efforts les mains habiles qui le dirigent vers le port où la sécurité l'attend. Dans ce péril imminent, toutes les passions individuelles doivent se taire devant l'intérêt général ; la seule passion qui doive nous animer désormais, la seule qui puisse nous faire sortir avec honneur d'une crise aussi violente, c'est l'amour de la patrie. O France ! ô patrie adorée ! si cette noble passion n'eût pas été méconnue, nous te verrions en ce moment au plus haut degré de splendeur ! Que cet amour sublime revienne embraser nos âmes, il nous méritera encore l'estime de l'Europe, et tu pourras jouir bientôt du calme et du bonheur. Eh ! ne sommes-nous pas tous tes enfans ? ne sommes-nous pas tous affligés de ta douleur, tous pénétrés du desir de te voir heureuse et florissante ? Ce n'est donc que sur les moyens de parvenir au même but qu'il peut y avoir parmi nous quelque divergence d'opinions.

Hélas ! peut-être ils pensent te servir, ô ma chère patrie ! ceux qui creusent devant toi l'abîme dont l'œil n'ose mesurer la profondeur, en provoquant la guerre civile au milieu des désastres de la guerre étrangère !

Peut-être ils pensent te servir ces écrivains dont les déclamations tendent à ranimer chaque jour l'exaspération mal éteinte de partis divers, où il ne doit plus y avoir qu'un seul et même parti, comme il n'y a plus qu'un seul et même intérêt !

Peut-être ils pensent te servir ceux qui, en tonnant contre des hommes dont la terreur était la devise, comme eux prêchent la terreur, au risque de rouvrir tes blessures et de te plonger dans les convulsions de la mort !

Espérons que la raison viendra bientôt les désabuser, et qu'ils regretteront alors de s'être abandonnés à cet emportement momentané, reste de la fougue révolutionnaire, dont les excès leur feraient horreur. Et lorsque le calme les aura entièrement rendus aux douces impressions de la sensibilité, sans laquelle l'homme ne saurait vivre heureux, ils jugeront que si elle peut rehausser le courage et la grandeur d'âme, elle ne peut s'allier avec un empressement barbare à provoquer des vengeances particulières, comme si, chez un peuple policé, il pouvait y avoir d'autre vengeance que celle des lois (1). Oui, c'est aux

---

(1) Il existe un pays que sa situation topographique a privé, ou préservé si l'on veut, des rapides progrès de la civilisation. Tant que des juges corrompus y firent un vil trafic de leurs fonctions, en renvoyant absous les coupables assez riches pour satisfaire leur cupidité, la passion de la vengeance y fut extrême : elle a cessé dès que les lois ont reçu leur exécution. Mais, dans tous les temps, hors les cas de défense personnelle, tout habitant dont les discours ou l'indiscrétion y auraient compromis l'exis-

organes des lois que nous devons laisser le soin indispensable, mais pénible, de réprimer ceux des membres de la société qui ont troublé son repos. Nul n'a le droit de les poursuivre illégalement ; la marche des tribunaux paraît lente, mais elle est assurée. Devant eux l'innocence n'a rien à craindre ; l'innocence sera foulée aux pieds ; elle aura le sort que le crime seul a mérité, devant les forcenés qui ne rougissent pas d'ambitionner une rivalité honteuse avec les bourreaux. Que-dis-je ? le crime, habile à se déguiser et à trouver des subterfuges, échappera au châtiment, tandis que l'innocence, confiante et sans détours, succombera pour avoir négligé des précautions qu'elle devait en effet juger inutiles.

Il existe des coupables ; c'est aux citoyens de les plaindre, aux lois à les punir. Mais gardons-nous de devancer l'action des lois :

---

tence d'un individu quelconque, y eût été ou y serait encore voué à l'exécration publique. C'est ainsi qu'on devrait traiter par-tout ceux qui s'abaissent avec une impudeur révoltante au métier de délateurs, toujours prêts à calomnier.

où elle est influencée, l'anarchie commence. L'anarchie ! et c'est elle que l'on ose réveiller par des vociférations inconsidérées ! Cet hydre affreux, prêt à dévorer encore des milliers d'innocens, on l'aide à relever sa tête hideuse ! Malheur aux imprudens qui l'appellent ! Si leurs vœux étaient exaucés, ils trembleraient, mais trop tard, ils seraient ses premières victimes.

Mais le langage que semblent affecter quelques-uns d'entre eux n'est point d'accord peut-être avec leurs sentimens. Cette pensée est consolante ; puisse-t-elle être vraie ! Puissent tous les Français, comme tous les peuples, sentir que l'une des jouissances les plus pures est de pardonner à l'erreur, comme le triomphe le plus doux pour les vainqueurs est d'être généreux !

Cependant, que l'on n'imagine point que j'aie à réclamer pour moi cette indulgence qu'exige le bien général. Étranger à toutes les factions qui ont divisé notre beau pays, dont j'ai vécu long-temps éloigné, je vois avec douleur, en y rentrant, les traces profondes qu'elles y ont laissées. Gaieté, confiance,

aménité, bonheur, tout a disparu. A ces affections si expansives et si séduisantes qui carac-
térisaient notre nation , ont succédé les tristes
soupçons, la haine aux sombres regards, et la
sinistre impatience de renouveler les scènes
tumultueuses et sanglantes des Guelfes et des
Gibelins , des Wighs et des Torys. Ainsi le
voyageur, après une longue absence , erre
affligé dans les lieux qui l'ont vu naître ; il
cherche en vain les prairies émaillées de fleurs,
si chères à son enfance, et distingue à peine
le toit de son habitation presque ensevelie
sous les lames vomies par l'éruption du
volcan.

Je ne sais si l'amour de la patrie, loin d'elle,
devient plus ardent ; mais je ne puis me re-
tracer, sans une émotion inexprimable, les
sensations que faisait naître en moi tout ce
qui rappelait mon pays dans des contrées
étrangères. Le moindre de mes compatriotes
m'y inspirait le plus vif intérêt. Si l'un deux
obtient un succès, j'en suis fier, et je prends
part à sa joie ; si l'autre éprouve un malheur,
je le plains, et je veux le consoler. — Mais il
a mérité sa disgrace, et il ne doit point exciter de commisération. — Oh ! il a excité la

mienne, et je cours la lui prouver. Aussi ne saurais-je m'accoutumer à l'idée de renoncer au charme de cette bienveillance qui me faisait voir dans tout Français un ami, et de laisser l'accès dans mon âme à cette froideur, à cette défiance, à cette aigreur, à cette aversion que suivent bientôt les dénominations injurieuses, les menaces, les attentats..... Mais il ne pense pas comme nous, dira-t-on ; c'est notre ennemi. — Non, l'expérience doit l'éclairer. Si nous raisonnons plus juste que lui, tâchons de le persuader. Mais s'il n'est pas encore notre ennemi, en le traitant comme tel, nous le forcerons à le devenir. Et en supposant même qu'il le soit, il ne résistera pas à notre modération ; ramenons-le à son devoir par notre exemple, en adoptant une maxime contraire à celle qui ne fût que trop accréditée, et qui glace le cœur : *Conduisons-nous comme s'il devait devenir notre ami*, et il ne tardera pas à l'être.

En effet, n'avons-nous pas vu les guerriers qui s'étaient combattus avec le plus d'acharnement dans les guerres civiles, et particulièrement dans la Vendée, se retrouver ensuite sous les mêmes étendards, se rappeler tristement leurs funestes exploits, et s'unir par les liens de la plus sincère amitié ?

Et dans le cours de cette terrible révolution, qui nous offre des leçons si effrayantes, les partis qui s'étaient déchirés avec tant de fureur, et qu'une imprudente exaltation peut encore mettre aux prises, n'avaient-ils pas fini par se rapprocher depuis plusieurs années, et par vivre dans une parfaite harmonie ?

Et ces pieux ecclésiastiques, ces respectables chevaliers, épars sous des climats lointains, abandonnés dans un état de détresse absolue, repoussés du sol natal par des lois cruelles, n'avaient-ils pas abjuré tout ressentiment contre les Français alors électrisés par les idées dont cette révolution avait accéléré le développement, et n'éprouvaient-ils pas un secret plaisir, mêlé d'un noble orgueil, à la nouvelle des victoires de ceux dont ils ne partageaient pas l'opinion ? N'ont-ils pas été accueillis, recherchés, encouragés, secourus par leurs compatriotes, que le sort des armes conduisit dans les pays qui leur avaient donné asile ? Ne se plaisaient-ils pas à s'entretenir

avec eux , non sans des larmes d'attendrisse-
ment, et de leurs souvenirs et de leurs espérances ? Plusieurs n'ont-ils pas été ramenés
dans la patrie, protégés , préservés par eux
des poursuites de ces êtres intolérans qui
aiment à opprimer leurs semblables (1) ?

Mais ces intolérans , ces hommes sans pitié ,
pourquoi faut-il que la nature en produise
dans tous les âges pour le tourment de l'humanité ? C'est surtout dans les commotions poli-
tiques, qui ébranlent jusqu'aux bases de l'ordre
social, qu'ils deviennent dangereux. Inquiets
et turbulens par essence , le repos les fatigue
et les tue ; ils ne vivent satisfaits qu'au milieu
des cris de mort. Tantôt sous le voile de la
religion, qu'ils outragent en violant le plus
saint de ses devoirs ; tantôt sous le masque
de la liberté , alors même qu'ils la désho-
norent par une licence effrénée ; tantôt sous
le prétexte d'un zèle ardent pour la monarchie dont ils sapent les fondemens, ils savent
dissimuler l'égoïsme qui les ronge , et en im-
poser aux gens crédules par leurs artificieux

_______________

(1) Ce sont des faits qui se sont passés sous mes yeux,
et qui sont connus d'une foule de témoins.

discours. Aujourd'hui , tout en déclamant contre les ambitieux qui ont ensanglanté la terre , ils demandent eux-mêmes du sang!....

Leur voix sacrilége n'a été que trop entendue : le sang a ruisselé.....

Du moins les conquérans, dont je suis loin d'approuver l'ambition criminelle, ont pour eux cet enthousiasme qui séduit le vulgaire à la vue des périls qu'ils vont affronter; le prestige de la gloire; ce goût féroce des hommes qui fait consister l'honneur à tuer des hommes suivant les règles d'un art qu'ils sont convenus de regarder comme le premier des arts.

Mais, ô vous! qui, sans courir aucun danger personnel, au milieu des douceurs d'une vie tranquille, propagez par vos écrits cet embrasement dont vous comptez peut-être vous garantir, et dont bientôt il ne sera plus temps d'arrêter les ravages, quel motif peut justifier cette véhémence avec laquelle vous invoquez sans cesse la terreur ?

Le cercle de la révolution vous ramènerait-il à d'anciennes habitudes ? Serions-nous menacés, quand elle va finir, des maux qui signalèrent son commencement? ou bien seriez-vous comme l'athée qui criait : *Au feu les hérétiques!* et vous croyez-vous obligé de montrer tant de rigueur parce que vous avez quelques torts à expier? Mais, si l'on ne m'a point trompé, qui peut se flatter d'être exempt de tous reproches en remontant à ces époques fatales où tout cédait à l'empire des circonstances? Une vérité que tout le monde sent, que plusieurs dissimulent, et que peu d'hommes de bonne foi seuls osent avouer, c'est qu'il fut des momens où il fallait être républicain, ou du moins s'efforcer de le paraître. Une cruelle expérience a détruit l'illusion. Par suite d'un rapide enchaînement de métamorphoses inouies, après avoir vu successivement, dans l'espace de vingt-cinq années, pour ainsi dire, un abrégé de ce que l'Histoire romaine offre, pendant plusieurs siècles, de vertus et de crimes, d'héroïsme et de bassesse, de gloire et de revers, de tyrannie et de licence, chacun est revenu à l'amour de la monarchie, de cette monarchie constitutionnelle, qui est désormais l'objet de tous les vœux comme de toutes les espérances : or elle est incompatible avec la terreur, com-

pagne de l'anarchie. Que si vous aviez à re-
gretter de l'avoir prêchée autrefois, cette terreur si funeste, voyez combien les temps sont
changés, et n'ayez pas aujourd'hui les mêmes
torts. L'oubli couvre le passé, profitez de cet
oubli salutaire, mais souffrez que d'autres en
profitent comme vous :

« Infelix miseris succurrere disce ».

Et vous qui assurez avoir toujours été un
royaliste absolument *pur*, comme nous ré-
jouissez-vous en silence des sages dispositions
d'un souverain à-la-fois juste et éclairé :

« Les monarques ont tant à gagner par la
» clémence, elle est suivie de tant d'amour,
» ils en tirent tant de gloire, que c'est tou-
» jours un bonheur pour eux de l'exercer (1) ».

Ce bonheur, assuré au monarque bienfai-
sant, qui gémit sur la sévérité même de la
justice, ne le troublez point par vos discours.
Des échos sans nombre répètent au loin vos
accens : qu'ils soient doux et conformes aux
intentions paternelles du Roi. Applaudissons
tous aux principes développés si judicieuse-

_______________

(1) Esprit des Lois, liv. 6.

ment dans les proclamations de ces coura-
geux magistrats, qui, loin de céder à l'im-
pulsion dangereuse donnée sur quelques
points, jurent de maintenir l'ordre et de com-
primer les agitateurs (1). Evitons tout ce qui
pourrait aigrir les esprits ; tâchons de les con-
cilier, et recommandons instamment l'union
maintenant si nécessaire.

Mais c'est à vous, prélats révérés, c'est à
vous à faire entendre la parole du Dieu de
paix et de clémence aux mortels qu'un faux
zèle égare et porte à exciter le trouble et la
terreur.

Tonnez contre l'impie qui méprise les
augustes préceptes de la religion, pour qui
la charité n'est qu'un vain nom, et qui voit
avec une joie inhumaine attenter aux jours de
son concitoyen.

_______________

(1) On ne saurait résister au plaisir de donner de
justes éloges à la sagesse et à la fermeté de M. de Saint-
Chamans, préfet de Vaucluse. (*Voyez sa Proclamation
aux habitans de ce département, Moniteur du 12 août.*)
C'est en suivant de tels principes que l'ordre sera bientôt
rétabli par-tout.

Tonnez contre l'impie qui, de son propre mouvement, ose tremper ses mains dans le sang de son frère ; tonnez et montrez-lui la vengeance divine prête à éclater sur sa tête criminelle : qu'il tremble, elle va le frapper.

« Quiconque aura répandu le sang de
» l'homme sera puni par l'effusion de son
» propre sang ; car l'homme a été créé à
» l'image de Dieu, et Dieu ne souffre pas
» qu'on détruise impunément son image,
» qu'il a formée lui-même (1) ».

Et vous, militaires toujours intrépides et toujours fidèles à l'honneur, ne craignez point que la calomnie puisse ternir vos immortels exploits ; le burin de l'histoire les transmettra comme une merveille à la postérité. Vous avez assez fait pour la gloire. La sagesse des héros dans la paix n'est d'ailleurs pas moins glorieuse que leur valeur dans les combats. Soyez calmes, et votre attitude contribuera encore au bonheur de la patrie.

Et vous, magistrats intègres, qui dans les

_______________

(1) Genèse, chap. 9.

différentes oscillations de l'Etat, ne vous êtes jamais écartés des principes de la vérité, de la justice et de l'humanité, invariables dans tous les temps, le moment viendra où vos services seront appréciés, et vous serez encore utiles à la France.

Et vous qui, à travers le prisme de l'enthousiasme ou de la corruption qui ne s'est que trop étendue de nos jours, et qui a éteint l'esprit public, vous seriez accoutumés à ne voir qu'un homme au lieu de la patrie, vos yeux doivent être dessillés maintenant : voyez, avant tout, la patrie, dont un monarque, instruit à l'école du malheur, nous garantit la félicité, en assurant à tous la sûreté individuelle et le respect des propriétés.

Et nous tous, ô mes concitoyens ! quelle que soit notre opinion, quelle que soit la position où le sort nous ait placés, de notre conduite, dans des circonstances aussi graves, dépendent nos destinées. Formons un faisceau que nulle force humaine ne puisse dissoudre. Assurons la paix au dedans, pour jouir plus promptement de celle qui nous est garantie au dehors par des promesses solennelles, et que nul obstacle n'empêche de réaliser, sinon nos dissensions intérieures. Le moment est venu de faire cesser toutes disputes frivoles, d'éloigner toutes prétentions exagérées, tous préjugés réprouvés par les lumières du siècle; en un mot de nous montrer généreux; et si nous hésitions à l'être, au moins soyons prudens : un immense amas de poudre est sous nos pas, une étincelle peut l'enflammer, mettre la France en feu, et l'explosion ébranler l'univers......

Pardonnez si j'ose élever ma faible voix pour exprimer la douleur qui m'accable à l'aspect de la patrie éperdue; mais pourrions-nous contempler d'un œil d'indifférence ces symptômes alarmans qui nous environnent? Pourrions-nous, sans frissonner, jeter nos regards sur ces villes naguère paisibles et fortunées, maintenant en proie à l'anarchie; sur ces maisons pillées, dévastées, démolies de fond en comble; sur ces vieillards languissans, et sur ces femmes désolées, errant à l'abandon, et n'ayant plus d'autre refuge que les bois; sur ces citoyens sans défense, ces pères de famille assassinés de sang-froid dans les bras de leurs épouses et de leurs enfans;

sur ces guerriers que le fer ennemi avait respectés dans tant de batailles glorieuses, et qui, après avoir déposé les armes, sont victimes d'une aveugle fureur ; sur ces fleuves roulant dans leurs ondes teintes de sang des cadavres mutilés ?..... Dieu ! et qui a commis ces atrocités ? Le croirai-je ? des Français !.... Que ne puis-je en douter !

Ah ! jetons un voile sur ce tableau funeste ; mais arrêtons le cours de tant d'horreurs !..... Quoi ! dans le siècle le plus éclairé, chez la nation la plus civilisée, nous serions témoins encore d'une férocité qui ferait honte aux peuplades et aux siècles que nous nommons barbares ? Et la religion ! et la morale ! et les lois ! et la patrie !... tout ce qu'il y a de plus sacré sur la terre serait-il donc éteint parmi nous ? Le vil égoïsme, cet opprobre du cœur humain, aurait-il jeté de si profondes racines qu'elles eussent étouffé tous les germes de vertus ? Français ! nous qui avons tour-à-tour rempli le monde et d'épouvante et d'admiration, souvenons-nous que dans les jours prospères nous étions unis ; l'honneur nous prescrit de l'être davantage encore dans l'adversité : sachons démentir

ce qu'un historien romain a dit de nos an-
cêtres, prouvons que nous la supportons
avec dignité. Il ne s'agit plus de discuter sur
les causes de cette effervescence fatale qui
a mis le corps politique aux portes du tom-
beau, il faut nous accorder pour en arrêter
les progrès en le calmant pour le rétablir.
Nous sommes tous Français, nous ne pou-
vons être ennemis. Et comment considérer
comme ennemis ceux qui ont vu le jour dans
les mêmes murs, sous les mêmes toits que
nous, qui partagèrent notre éducation, nos
plaisirs, nos sentimens, nos affections, notre
gloire, et qui partagent actuellement nos
peines et nos infortunes ? Excusons les fautes
qu'ils ont pu commettre ; l'homme est faible,
il est le jouet des événemens :

« Volentem fata ducunt, nolentem trahunt ».

Tel ne doit aujourd'hui l'avantage de n'avoir
point suivi le torrent révolutionnaire, qu'à
l'inutilité de ses efforts pour s'engager dans
sa navigation orageuse ; tel a été, malgré lui,
entraîné dans son cours. Si l'un et l'autre sont
vertueux, ils ont un titre égal à notre estime,
disons à notre amitié. Accablés de maux de

tous genres, ne nous privons point de ce
bien si précieux qui en allégera le poids.
Sans l'amitié, la vie est un rêve pénible et
le monde un désert. Pour nous assurer les
consolations qu'elle présente pendant les
courts instans que nous avons à passer dans
cette vallée de misères, soyons indulgens :
oui, je ne saurais trop le répéter, l'indulgence est le besoin des âmes nobles et géné-
reuses, elle inspire la confiance, elle éteint
les ressentimens : le passé n'est plus en notre
pouvoir, le crime aura seul à redouter la justice, l'erreur est oubliée ; le Roi le veut : oc-
cupons-nous de l'avenir ; aimons la patrie pour
elle-même, aimons le Gouvernement qui fera
fleurir les lois, la paix, la liberté : rallions-
nous sous son égide tutélaire. Si nous sommes
divisés, tout est perdu, et la patrie expire : si
nous sommes unis, la patrie est sauvée. Français, soyons unis, jurons de l'être toujours !
et que ce serment soit pour nous inviolable
et sacré !

FIN.